Gabriele Redden

# Magische SMOOTHIES
## Die besten Rezepte

Bassermann

# Inhalt

# Die zauberhafte Welt der Smoothies

Wäre es nicht schön, wenn ein kräftiger Schluck aus einem gläsernen Pokal einem die Gabe Weissagung bescherte? Man könnte den nächsten Lottoschein beruhigt ausfüllen.

Oder wie wäre es, den Auserwählten mit Hilfe eines Liebestranks dazu zu bringen, sich unsterblich in einen zu verlieben? Vielleicht reicht es aber auch schon, wenn der magische Trunk dem Vergötterten ein Funkeln in die Augen zaubert und ein Prickeln erzeugt.

Mit den magischen Smoothies in diesem Buch verhält es sich zwar nicht ganz so wundersam wie mit den Zaubertranks in den berühmten Sagen und Geschichten dieser Welt, aber auch die bunten Smoothies haben es in sich. Mit ihren wertvollen Zutaten aus Obst, Gemüse, Kräutern und Superfoods liefern sie die nötige Energie, zu den Taten eines Herkules zu schreiten. Auch vermag die aphrodisierende Wirkung eines Granatapfels zu manch romantischer Stunde zu verhelfen. Und dass Aprikose, eine beliebte Smoothiezutat, gut für die Haut ist und somit die natürliche Schönheit unterstützt, ist auch kein Märchen. Lassen Sie sich einfach verführen.

Am Ende des Buches habe ich Ihnen für den raschen Überblick eine Liste mit den magischen Eigenschaften der Früchte, Gemüse, Kräuter und Pflanzen zusammengestellt, die in den folgenden 40 Rezepten eine Rolle spielen. Zusätzlich finden Sie dort einige hilfreiche Tipps rund um die Smoothie-Zubereitung sowie Bezugsadressen für bestimmte Zutaten.

Probieren Sie die Smoothies einfach aus, am besten in einer wohligen Atmosphäre, und mixen Sie sich Ihren Favoriten. Denn das ist kein Hexenwerk, wie ich Ihnen in diesem Buch zeigen möchte.

Viel Spaß wünscht Ihnen

Ihre Gabriele Redden

9

# Kraft und Energie

# Frauenpower-Smoothie

## Zutaten
### für 2 Portionen:

- 1/2 reife Banane
  (Fruchtmenge ca. 60 g)
- 125 g frische oder
  TK-Brombeeren
- 3 Zweige Zitronenmelisse
- 150 ml Verbena-Tee
  (s. Bezugsquellen)
- 150 ml Kefir
- Honig, Ahornsirup oder Stevia
  nach Geschmack
- 4-5 Eiswürfel (optional)
- 1 kleine Blüte für die Deko
- 1 dicker Strohhalm

*Verbena ist das Frauenheilkraut, es setzt – vereint mit den zahlreichen Vitaminen und Mineralien der anderen Zutaten – ungeahnte Energie frei.*

*1* Die Banane schälen und in Scheiben schneiden, die Hälfte davon einfrieren.

*2* Wenn Sie frische Brombeeren verwenden, diese kurz abbrausen und trocken tupfen. Zitronenmelisse kurz abbrausen, trocken tupfen und die Blättchen abzupfen. Früchte mit Zitronenmelisse, Verbenatee und Kefir in den Mixer geben und auf höchster Stufe ca. 30 Sekunden pürieren.

*3* Eventuell süßen, die Eiswürfel zufügen und nochmals mixen, bis die gewünschte Konsistenz erreicht ist.

*4* Smoothie in ein Glas gießen, mit der Blüte dekorieren und mit dem Strohhalm servieren.

*Nährwerte pro Portion: kcal 156, EW 6,5 g, F 3,5 g, KH 22,5 g*

Für die Herstellung des Tees 1 Esslöffel getrocknete Verbena-Blätter mit 150 ml kochendem Wasser übergießen und 10 Minuten ziehen lassen, dann abseihen.

# Banana Paradise

## Zutaten
### für 2 Portionen:

- 1 reife Banane
  (Fruchtmenge 120 g)
- 1 EL Schmelzflocken
- 150 ml Mandelmilch (2,9% Fett)
- 2 EL ungesüßter Kakao
- 1 EL Honig
- ¼ TL Zimt
- 1 EL gehackte Pistazien
- 4-5 Eiswürfel (optional)
- ½ TL gehackte Pistazien für die
  Deko
- 1 dicker Strohhalm

*(siehe Foto Seite 13, oben)*

*Wenn Eva Adam eine Banane angeboten hätte … Dieser energiereiche Smoothie weckt alle Lebensgeister und lässt Sie jede Herausforderung mit Schwung meistern.*

*1* Die Banane schälen und in Scheiben schneiden. Oder gefrorene Bananenscheiben verwenden (siehe Tipp auf Seite 74). Mit den Schmelzflocken und der Mandelmilch, Kakao, Honig, Zimt und den Pistazien in den Mixer geben und ca. 30 Sekunden pürieren.

*2* Eventuell Eiswürfel zufügen und nochmals mixen, bis die gewünschte Konsistenz erreicht ist.

*3* Smoothie in eine Glas gießen und mit ½ TL gehackten Pistazien bestreuen. Mit einem dicken Strohhalm servieren.

*Nährwerte pro Portion: kcal 213,5, EW 6 g, F 8,5 g, KH 27,5 g*

Dieser Smoothie ist bei Groß und Klein beliebt. Er besitzt viele Vitalstoffe und stärkt die Gesundheit.

# Elfensommer

*Mangold, Ananas und Banane spenden Energie für ausgelassene, sommerliche Aktivitäten, Malvenblüten haben eine kühlende und heilende Kraft.*

**1** Mangold waschen, trocken tupfen und klein schneiden. Beide Enden der ganzen Ananas ca. 2 cm breit abschneiden. Die Frucht auf eine der beiden Schnittstellen stellen und die Schale längs großzügig abschneiden, sodass keine Schalenreste zurückbleiben. Ananas vierteln und den holzigen Strunk in der Mitte ebenfalls längs abschneiden und entfernen. Die Frucht in kleine Stücke schneiden und ein Viertel davon in den Mixer geben, den Rest einfrieren oder anderweitig verwerten.

**2** Die Banane schälen und in Scheiben schneiden. Mangold, Ananas und Banane mit Himbeeren und Malvenblüten in den Mixer geben. Chiasamen, Mandelmilch und Limettensaft zufügen und 30 Sekunden auf höchster Stufe pürieren.

**3** Eventuell süßen, die Eiswürfel zufügen und nochmals mixen, bis die gewünschte Konsistenz erreicht ist.

**4** Smoothie in ein Glas gießen. Mit Himbeeren dekorieren und mit dem Strohhalm servieren.

*Nährwerte pro Portion: kcal 140, EW 3,5 g, F 2,5 g, KH 24 g*

## Zutaten
### für 2 Portionen:

- 40 g frischer Mangold
- ¼ reife Ananas (Fruchtmenge ca. 100 g)
- 1 reife Banane (Fruchtmenge ca. 120 g)
- 100 g Himbeeren
- 1 TL getrocknete Malvenblüten (s. Bezugsquellen)
- 1 EL Chiasamen
- 100 ml Mandelmilch
- Saft 1 Limette
- Honig, Ahornsirup oder Stevia nach Geschmack
- 4-5 Eiswürfel (optional)
- einige Himbeeren zur Deko
- 1 dicker Strohhalm

Mangold und Früchte sind eine ideale Geschmackskombination und die Vitalstoffe in den Chiasamen runden deren Mineralstoffe und Vitamine zu einem Super-Wirkstoffpaket ab.

# Drachen-Trunk

## Zutaten
### für 2 Portionen:

- 1 reife Banane
  (Fruchtmenge ca. 120 g)
- 30 g junger Grünkohl
- 1 gelbe Drachenfrucht
  (Fruchtmenge ca. 75 g)
- Blättchen von 3 Stängeln
  Basilikum
- 2 EL Kokosflocken
- 100 ml Milch (3,5% Fett)
- 125 ml Orangensaft
- Honig, Ahornsirup oder Stevia
  nach Geschmack
- 4-5 Eiswürfel (optional)
- 1 kleine Blüte für die Deko
- 1 dicker Strohhalm

*(siehe Foto Seite 10, links)*

Drachenfrüchte gibt es nicht immer und man bekommt sie auch nicht überall. In dem Fall tauschen Sie sie gegen 2 Kiwis aus.

*Banane, Grünkohl und Drachenfrucht sorgen für Power und Energie, Basilikum, das königliche Kraut, für die innere Kraft und das Herz eines Löwen.*

*1* Die Banane schälen und in Scheiben schneiden oder gefrorene Bananenscheiben verwenden (s. Tipp auf S. 74). Die Grünkohlblätter waschen, trocken tupfen und grob hacken.

*2* Drachenfrucht halbieren und das Fruchtfleisch mit einem Löffel herauslösen. Basilikumblättchen abzupfen, abbrausen und trocken tupfen.

*3* Banane, Grünkohl, das Fruchtfleisch der Drachenfrucht, Kokosflocken und Basilikum in den Mixer geben, Milch und Orangensaft dazugeben und alles ca. 30 Sekunden pürieren. Nach Geschmack süßen. Die Eiswürfel zufügen und nochmals mixen, bis die gewünschte Konsistenz erreicht ist.

*4* Den Smoothie in ein hohes Glas gießen, mit der Blüte dekorieren und mit einem dicken Strohhalm servieren.

*Nährwerte pro Portion: kcal 170,5, EW 4 g, F 7 g, KH 22 g*

# Feuerdrachen

Der Drachenfrucht-Smoothie verleiht Ihnen Mut. Stärken Sie sich morgens mit einem Kelch dieses vitaminreichen Trunks, und Sie werden allem tapfer ins Auge sehen.

*1* Die Drachenfrüchte längs halbieren, das Fruchtfleisch mit einem Löffel herausheben und in den Mixer geben.

*2* Die Erdbeeren waschen, gut abtropfen lassen. 3 besonders schöne Früchte für die Deko beiseitelegen. Oder gefrorene Früchte verwenden (siehe Tipp auf Seite 74). Den Rest ebenfalls in den Mixer geben.

*3* Kokosmilch dazugießen und ca. 30 Sekunden auf höchster Stufe pürieren. Eventuell süßen, die Eiswürfel zufügen und nochmals mixen, bis die gewünschte Konsistenz erreicht ist.

*4* Smoothie in ein Glas gießen, mit den Erdbeeren und den Minzeblättchen dekorieren und mit dem Strohhalm servieren.

*Nährwerte pro Portion: kcal 168, EW 1,5 g, F 6,5 g, KH 4,5 g*

## Zutaten
### für 2 Portionen:

- 2 reife rote Drachenfrüchte (Fruchtmenge 200 g)
- 125 g frische oder TK-Erdbeeren
- 100 ml Kokosmilch (19 % Fett)
- Honig, Ahornsirup oder Stevia nach Geschmack
- 4-5 Eiswürfel (optional)
- einige Minzeblättchen
- 1 dicker Strohhalm

*(siehe Foto Seite 10, rechts)*

> *Es gibt Drachenfrüchte oder Pitayas mit rotem, weißem oder gelbem Fruchfleisch. Erstere schmecken mild säuerlich erfrischend, gelbe intensiv nach Ananas und Mango.*

# Mach-mich-schlau-Smoothie

## Zutaten
### für 2 Portionen:

- 40 g frischer Babyspinat
- 1 Birne (Fruchtmenge ca. 200 g)
- ½ Banane (Fruchtmenge ca. 60 g)
- 100 g grüne kernlose Trauben
- 100 ml Kokosmilch (19 % Fett)
- 1 EL Chiasamen
- Honig, Ahornsirup oder Stevia nach Geschmack
- 4-5 Eiswürfel (optional)
- einige Gänseblümchen für die Deko
- 1 dicker Strohhalm

Die Banane ist übrigens eine ideale Zwischenmahlzeit in Prüfungssituationen. Stärkt sie doch mit ihrem Magnesiumgehalt die Nerven.

Ob Einstein ein Traubenfreund war? Wer weiß. Im Altertum war die Weintraube unter anderem ein Sinnbild für die Stärkung der geistigen Kräfte. Ihnen verhilft dieser Smoothie außerdem zu einem besseren Gedächtnis.

*1* Die Spinatblätter waschen, trocken tupfen und zwei hübsche Blättchen für die Deko beiseitelegen. Den restlichen Babyspinat in den Mixer geben. Birne waschen und vierteln. Stiel und Kerngehäuse entfernen und die Birne klein schneiden. Banane schälen und in Scheiben schneiden, die Hälfte davon einfrieren oder anderweitig verbrauchen.

*2* Die Trauben waschen, trocken tupfen, halbieren und mit den Bananenscheiben zum Babyspinat geben. Die Kokosmilch in den Mixer gießen, die Chiasamen einstreuen und alles ca. 30 Sekunden pürieren.

*3* Eventuell süßen, die Eiswürfel zufügen und nochmals mixen, bis die gewünschte Konsistenz erreicht ist. Smoothie in ein Glas gießen, mit den Gänseblümchen dekorieren und mit einem dicken Strohhalm servieren.

*Nährwerte pro Portion: kcal 178, EW 3,5 g, F 15,5 g, KH 17,5 g*

# Superman-Smoothie

## Zutaten

### für 2 Portionen:

- 1 frische Papaya
  (Fruchtmenge ca. 200 g)
- 200 g frische oder
  TK-Himbeeren
- 200 g frische oder
  TK-Blaubeeren
- 3 Stängel Pfefferminze
- 150 ml Mandelmilch (2,9% Fett)
- Honig, Ahornsirup oder Stevia
  nach Geschmack
- 4-5 Eiswürfel (optional)
- 1 dicker Strohhalm

*Diesen Supersmoothie sollte sich jeder Held genehmigen, bevor er zur Tat schreitet, denn seine Power-Zutaten stärken die Gesundheit und verleihen den Schwung von Siebenmeilen-Stiefeln.*

1 Papaya waschen, halbieren und mit einem Teelöffel die schwarzen Kerne entfernen. Das Fruchtfleisch mit dem Löffel aus der Schale lösen und in den Mixer geben. Frische Beeren waschen, trocken tupfen und in den Mixer geben. Einige Blaubeeren beiseitelegen. Pfefferminze kurz abbrausen, trocken tupfen und die Blättchen abzupfen.

2 Minzeblättchen und Mandelmilch ebenfalls in den Mixer geben und alles auf höchster Stufe ca. 30 Sekunden mixen.

3 Eventuell süßen und die Eiswürfel zufügen. Nochmals mixen, bis die gewünschte Konsistenz erreicht ist.

4 Smoothie in ein Glas gießen, die beiseitegelegten Blaubeeren draufgeben und mit dem Strohhalm servieren.

*Nährwerte pro Portion: kcal 145,5, EW 4 g, F 3 g, KH 37 g*

# Beerenwald

*Von diesen wild wachsenden Früchten ernähren sich die Naturgeister in den Wäldern des Nordens und sie sind auch gut für Sie, verleihen sie doch Bärenkräfte.*

## Zutaten
### für 2 Portionen:

- 200 g frische oder TK-Blaubeeren
- 100 g frische oder TK-Himbeeren
- 100 g frische oder TK-Brombeeren
- 10 g getr. Maulbeeren (s. Bezugsquellen)
- 100 ml griechischer Vanillejoghurt (10% Fett)
- 1 EL Honig, Ahornsirup oder Stevia
- 4-5 Eiswürfel (optional)
- 1 dicker Strohhalm

*1* Einige Blaubeeren für die Deko beiseitelegen. Restliche Blaubeeren, Himbeeren und Brombeeren mit den Maulbeeren in den Mixer geben. Den Joghurt dazugeben und alles ca. 30 Sekunden pürieren.

*2* Eventuell süßen, die Eiswürfel zufügen und mixen, bis die gewünschte Konsistenz erreicht ist.

*3* Smoothie in ein Glas gießen, mit den Blaubeeren garnieren und mit einem dicken Strohhalm servieren.

*Nährwerte pro Portion: kcal 270, EW 4,5 g, F 8 g, KH 43,5 g*

*Die Vielzahl an Vitalstoffen in Beerenfrüchten schützt vor Infektionen und Entzündungen und fördert einen gesunden Blutdruck.*

# Mach-mich-mutig-Smoothie

*Ein köstlicher Trank, der Sie stärkt und Ihnen Selbstvertrauen schenkt. Am besten morgens, bevor die Herausforderungen des Tages beginnen, trinken.*

## Zutaten
### für 2 Portionen:

- 40 g frischer Brokkoli
- ½ reife Banane
  (Fruchtmenge ca. 60 g)
- ½ reife Ananas
  (Fruchtmenge ca. 200 g)
- 1 kleiner reifer Pfirsich
  (Fruchtmenge ca. 100 g)
- 2 Stängel Zitronengras
- 50 ml Mandelmilch (2,9 % Fett)
- 50 ml Joghurt (3,5% Fett)
- Saft und abgeriebene Schale von
  1 Limette
- Honig, Ahornsirup oder Stevia
  nach Geschmack
- 4-5 Eiswürfel (optional)
- 1 Limettenscheibe für die Deko
- 1 dicker Strohhalm

*(siehe Foto Seite 4, rechts)*

*1* Brokkoli waschen und trocken tupfen. Die Banane schälen und in Scheiben schneiden, die Hälfte davon einfrieren. Die beiden Enden der ganzen Ananas ca. 2 cm breit abschneiden. Die Frucht auf eine der beiden Schnittstellen stellen und die Schale längs großzügig abschneiden, dann vierteln und den holzigen Strunk in der Mitte ebenfalls längs abschneiden und entfernen. Die Frucht in kleine Stücke schneiden. Die Hälfte davon einfrieren.

*2* Den Pfirsich waschen und gründlich trocken reiben. Frucht in der Falte rund herum bis zum Kern einschneiden und dann die Hälften gegeneinander drehen. Den Kern herauslösen und das Pfirsichfleisch in grobe Stücke schneiden. Die strohigen grünen Blätter vom Zitronengras entfernen und das innere Weiße klein schneiden. Brokkoli, Früchte und Zitronengras mit der Mandelmilch in den Mixer geben, Joghurt, Limettensaft und -schale dazu geben und auf höchster Stufe ca. 30 Sekunden pürieren.

*3* Eventuell süßen, die Eiswürfel zufügen und nochmals mixen, bis die gewünschte Konsistenz erreicht ist. Smoothie in ein Glas gießen, Limettenscheibe und mit dem Strohhalm servieren.

*Nährwerte pro Portion: kcal 140, EW 2,5 g, F 2 g, KH 27,2 g*

24

# Morgentau

*So sanft wie ein Elfenkuss weckt Sie dieser Smoothie morgens auf und schenkt Ihnen die richtige Portion Energie für den ganzen Tag.*

*1* Die Banane schälen und in Scheiben schneiden. Die Hälfte davon in den Mixer geben, den Rest einfrieren. Die TK-Beeren, die Maulbeeren, die Haferflocken, den Orangensaft und den Joghurt zufügen und ca. 30 Sekunden pürieren.

*2* Eventuell süßen, die Eiswürfel zufügen und nochmals mixen, bis die gewünschte Konsistenz erreicht ist. Smoothie in ein Glas gießen. Minzestängel hineinstecken und mit einem dicken Strohhalm servieren.

*Nährwerte pro Portion: kcal 188,5, EW 4,5 g, F 4,2 g, KH 31,5 g*

Elfen naschen
am liebsten Beeren und
zaubern sich mit Vorliebe diesen
Smoothie, denn er hat zahlreiche
Ballaststoffe, die für den
Abtransport von Giftstoffen
aus dem Körper
wichtig sind.

## Zutaten
### für 2 Portionen:

- ½ reife Banane (Fruchtmenge ca. 60 g)
- 150 g gemischte TK-Beeren (Himbeeren, Brombeeren, Blaubeeren und Erdbeeren)
- 1 EL getr. Maulbeeren (s. Bezugsquellen)
- 1 EL Haferflocken
- 100 ml Orangensaft
- 100 ml Joghurt (3,5% Fett)
- Honig, Ahornsirup oder Stevia nach Geschmack
- 4-5 Eiswürfel (optional)
- 1 Minzestängel für die Deko
- 1 dicker Strohhalm

*(siehe Foto Seite 4, links)*

# Prinzessin Papaya

*Falls lange Audienzen anstehen sollten: Dieser Prinzesinnen-Smoothie hält Sie den ganzen Tag über frisch, aktiv und klar im Kopf.*

## Zutaten

### für 2 Portionen:

- 1 reife Papaya
  (Fruchtmenge ca. 200 g)
- 1 reife Mango
  (Fruchtmenge ca. 200 g)
- 1 Karotte
  (Gemüsemenge ca. 100 g)
- 100 ml Orangensaft
- 10 g Gojibeeren
  (s. Bezugsquellen)
- 4-5 Eiswürfel (optional)
- 1 dicker Strohhalm

*1* Die Papaya waschen und schälen. Das Fruchtfleisch vom Kern schneiden und in den Mixer geben. Die Mango waschen, trocken reiben, schälen, das Fruchtfleisch vom Kern schneiden. Die Karotte waschen und schälen. Zusammen mit dem Mangofleisch in den Mixer geben.

*2* Orangensaft zugießen, Gojibeeren hineingeben und ca. 30 Sekunden pürieren. Eventuell die Eiswürfel zufügen und nochmals mixen, bis die gewünschte Konsistenz erreicht ist.

*3* Den Smoothie in ein Glas gießen und mit einem dicken Strohhalm servieren.

*Nährwerte pro Portion: kcal 122,5, EW 3,5 g, F 1,5 g, KH 23 g*

> Tauschen Sie den Orangensaft gegen 50 ml Limettensaft aus und geben Sie 50 ml Kokoswasser dazu. Kokoswasser ist isotonisch und stärkt vor allem nach dem Sport.

# Nektar der Götter

*Dieser Trank aus paradiesischen Früchten war früher nur Göttern vorbehalten. Heute verleiht er auch Ihnen den Mut zu großen Taten.*

## Zutaten

### für 2 Portionen:

- 1 große Orange (Fruchtmenge ca. 200 g)
- 1 reife Mango (Fruchtmenge ca. 200 g)
- 125 g frische oder TK-Erdbeeren
- 100 ml Orangensaft
- 50 ml Limettensaft
- Honig, Ahornsirup oder Stevia nach Geschmack
- 4-5 Eiswürfel (optional)
- 1 dicker Strohhalm

> Auch sehr lecker: Nehmen Sie Ananas statt Mango und geben Sie als Kick ein paar Blättchen Minze dazu.

**1** Die Orange schälen, Segmente in kleine Stücke schneiden, dabei die Kerne entfernen. Die Mango waschen und trocken reiben. Einen kleinen Schnitz abschneiden und beiseitelegen, Mango schälen, das Fruchtfleisch vom Kern schneiden und mit den Orangenstücken in den Mixer geben.

**2** Die Erdbeeren waschen, gut abtropfen lassen. 3 besonders schöne Früchte für die Deko beiseitelegen. Oder gefrorene Früchte verwenden. Den Rest in den Mixer geben.

**3** Orangensaft und Limettensaft zugießen und ca. 30 Sekunden pürieren. Eventuell süßen, die Eiswürfel zufügen und nochmals mixen, bis die gewünschte Konsistenz erreicht ist.

**4** Den Smoothie in eine Glas gießen. Den beiseitegelegten Mangoschnitz an den Glasrand stecken. Mit einem dicken Strohhalm servieren.

*Nährwerte pro Portion: kcal 120, EW 2,5 g, F 1 g, KH 27 g*

# Eisenhannes' Krafttrunk

*Der Eisenhannes ist ein wilder Geselle und bärenstark. Mit diesem Smoothie mobilisieren Sie ebenfalls die nötigen Kräfte zum Bäumeausreißen.*

**1** Den Grünkohl waschen. Die Blätter trocken schleudern und die Stiele entfernen. Die Blätter in Streifen schneiden und in den Mixer geben. Die Papaya halbieren, die schwarzen Samenkerne entfernen und das Fruchtfleisch herauslöffeln. In den Mixer geben.

**2** Die gefrorenen Beeren, Gojibeeren und den Orangensaft zufügen und ca. 30 Sekunden auf höchster Stufe pürieren.

**3** Eventuell süßen, die Eiswürfel zufügen und nochmals mixen, bis die gewünschte Konsistenz erreicht ist. Smoothie in ein Glas gießen, die Orangenscheibe an den Glasrand stecken und mit einem dicken Strohhalm servieren.

*Nährwerte pro Portion:*
*kcal 122,5, E 3,5 g, F 1 g, KH 40 g*

## Zutaten
### für 2 Portionen:

- 30 g frischer Grünkohl
- 1 Papaya (Fruchtmenge ca. 200 g)
- 200 g gemischte TK-Beeren
- 10 g Gojibeeren
- 50 ml Orangensaft
- Honig, Ahornsirup oder Stevia nach Geschmack
- 4-5 Eiswürfel (optional)
- 1 Orangenscheibe
- 1 dicker Strohhalm

# Zauber-Smoothie

*Hex, hex! Dies ist ein Trank voll guter Zutaten, der Sie wohltuend erfrischt und alle bösen Gedanken vertreibt.*

## Zutaten

### für 2 Portionen:

- 40 g frischer Brokkoliröschen
- 1 reife Papaya
  (Fruchtmenge ca. 200 g)
- 20 g Gojibeeren
  (s. Bezugsquellen)
- 100 ml kalter Orangensaft
- Honig, Ahornsirup oder Stevia
  nach Geschmack
- 4-5 Eiswürfel (optional)
- 1 Limettenscheibe für die Deko
- 1 dicker Strohhalm

*1* Die Brokkoliröschen waschen und trocken tupfen. Die Papaya waschen, halbieren und mit einem Teelöffel die schwarzen Kerne entfernen. Das Fruchtfleisch mit dem Löffel aus der Schale lösen und in den Mixer geben.

*2* Brokkoliröschen und Papaya in den Mixer füllen, die Gojibeeren zufügen, Orangensaft zugießen und alles ca. 30 Sekunden pürieren. Eventuell süßen, die Eiswürfel zufügen und nochmals mixen, bis die gewünschte Konsistenz erreicht ist.

*3* Smoothie in ein Glas gießen, Limettenscheibe einschneiden, an den Glasrand stecken und mit einem dicken Strohhalm gleich servieren.

*Nährwerte pro Portion:*
*kcal 101,5, EW 3,5 g, F 0,5 g, KH 18 g*

Gojibeeren wirken dank ihres hohen Gehalts an wertvollen Inhaltsstoffen auf natürliche Art antibakteriell, sie sollen das Gedächtnis und das Muskelwachstum fördern und eine positive Wirkung auf Herz und Blutgefäße haben.

# Walpurgisnacht

*Am 30. April ist Walpurgisnacht! Das wollen Sie sicher nicht verpassen. Dieser Trank macht Sie fit fürs höllische Vergnügen.*

## Zutaten

### für 2 Portionen:

- 30 g frischer Spinat
- 1 reife Banane
  (Fruchtmenge ca. 120 g)
- 1 kleiner Apfel
  (Fruchtmenge ca. 100 g)
- 50 ml Mandelmilch (2,9% Fett)
- 125 g grüne kernlose Trauben
- 1-2 EL Waldmeistersirup
- 4-5 Eiswürfel (optional)
- 1 dicker Strohhalm
- Blüten zur Deko

*1* Den Spinat waschen. Die Blätter trocken tupfen. Die Banane schälen und in Scheiben schneiden.

*2* Den Apfel waschen, trocken reiben, vierteln und das Kerngehäuse entfernen. Die Apfelviertel mit der Schale raspeln, mit der Mandelmilch in den Mixer geben und auf höchster Stufe ca. 30 Sekunden pürieren.

*3* Die Trauben abbrausen, trocken tupfen, in den Mixer geben. Den Waldmeistersirup und die Eiswürfel zufügen und nochmals mixen, bis die gewünschte Konsistenz erreicht ist.

*4* Den Smoothie in ein Glas gießen und mit den Blüten dekorieren. Mit dem Strohhalm servieren.

*Nährwerte pro Portion:*
*kcal 163, EW 2 g, F 1,2 g, KH 35,5 g*

# Blaubeertraum

*Die Blaubeere ist dem Element Wasser zugeordnet. Sie steht nicht nur für Traummagie, sondern ist gut für die Sehkraft und hilft auch bei Herz-Kreislaufbeschwerden oder Verdauungsproblemen.*

**1** Die Blaubeeren in den Mixer geben. Einige Beeren für die Deko beiseitelegen. Mit dem Limettensaft in den Mixer geben.

**2** Mit einem Esslöffel das Fruchtfleisch aus der Avocadohälfte lösen. Zitronenmelisse kurz abbrausen, trocken tupfen und die Blättchen abzupfen, mit der Avocado und den Chiasamen ebenfalls in den Mixer geben. Die Mandelmilch zugießen und ca. 30 Sekunden pürieren.

**3** Honig und die Eiswürfel zufügen und nochmals kurz auf höchster Stufe mixen, bis die gewünschte Konsistenz erreicht ist. Smoothie in ein hohes Glas gießen und mit dickem Strohhalm und ein paar Blaubeeren bestreut servieren.

*Nährwerte pro Portion: kcal 113, EW 1,5 g, F 5 g, KH 13,5 g*

## Zutaten
### für 2 Portionen:

- 200 g TK-Blaubeeren
- Saft von 1 Limette
- ½ reife Avocado (Fruchtmenge ca. 75 g)
- 3 Stängel Zitronenmelisse
- 1 EL Chiasamen
- 125 ml Mandelmilch (2,9% Fett)
- 1 EL Honig
- 4-5 Eiswürfel (optional)
- einige Blaubeeren für die Deko
- 1 dicker Strohhalm

*(siehe Foto Seite 6)*

Füllen Sie die Blätter der Blaubeere in einen Beutel, den Sie bei sich tragen. Man sagt, das bringt Glück.

# Schönheit und Jugend

# Schneewittchen

## Zutaten
### für 2 Portionen:

- 250 g frische oder TK-Himbeeren
- 1 EL Chiasamen
- 2 EL getr. Maulbeeren (s. Bezugsquellen)
- 125 ml Buttermilch
- Honig, Ahornsirup oder Stevia nach Geschmack
- 4-5 Eiswürfel (optional)
- 1 Himbeere für die Deko
- 1 dicker Strohhalm

*(siehe Foto, unten)*

*So weiß wie Buttermilch, so rot wie Himbeeren und so schwarz wie die Chiasamen – mit all seinen zauberhaften Komponenten verleiht Ihnen dieser Smoothie einen märchenhaften Teint.*

*1* Die Himbeeren waschen, gut abtropfen lassen. Eine schöne Himbeere für die Deko beiseitelegen. Früchte in den Mixer geben. Oder gefrorene Himbeeren verwenden.

*2* Chiasamen, Maulbeeren und Buttermilch zu den Himbeeren geben und auf höchster Stufe ca. 30 Sekunden pürieren. Eventuell süßen, die Eiswürfel zufügen und nochmals kurz mixen.

*3* Smoothie in ein Glas gießen, die beiseitegelegte Himbeere obenauf setzen und mit einem dicken Strohhalm servieren.

*Nährwerte pro Portion: kcal 135, EW 4 g, F 2,2 g, KH 22,5 g*

Hätte Schneewittchen besser Himbeeren statt eines Apfels verzehrt! Die betörend duftenden Beeren schützen zwar nicht vor den bösen Absichten von Stiefmüttern, sehr wohl aber die Körperzellen vor schädigenden Einflüssen.

# Minervas Papaya-Kiwi-Smoothie

*Sie wünschen sich eine tadellose Figur und strahlende Augen? Dann probieren Sie doch mal dieses Rezept aus der Hexenküche der schönen Minerva aus.*

## Zutaten

### für 2 Portionen:

- 1 reife Papaya (Fruchtmenge ca. 200 g)
- 2 Kiwis (Fruchtmenge 120 g)
- 125 g frische oder TK-Erdbeeren
- 100 ml Mandelmilch (2,9% Fett)
- ½ TL Kurkuma
- 1 EL Leinsamenschrot
- Honig, Ahornsirup oder Stevia nach Geschmack
- 4-5 Eiswürfel (optional)
- 1 dicker Strohhalm

*(siehe Foto Seite 34, oben)*

Die Papaya enthält große Mengen des Schlankmacher-Enzyms Papain, das hilft, Eiweiß zu verdauen und die Fettverbrennung zu beschleunigen.

*1* Die Papaya waschen, halbieren und mit einem Teelöffel die schwarzen Kerne entfernen. Das Fruchtfleisch mit dem Löffel aus der Schale lösen und in den Mixer geben. Die Kiwis waschen, trocken tupfen, schälen und klein schneiden.

*2* Die Erdbeeren gründlich waschen, trocken tupfen und die grünen Blättchen entfernen oder gefrorene Erdbeeren verwenden. Eine besonders schöne Erdbeere beiseitelegen. Die Früchte in Stücke schneiden, mit den Kiwis in den Mixer geben, Mandelmilch, Kurkuma und Leinsamen zufügen und ca. 30 Sekunden pürieren.

*3* Eventuell süßen, die Eiswürfel zufügen und nochmals mixen, bis die gewünschte Konsistenz erreicht ist. Smoothie in ein hohes Glas gießen.

*4* Die kleine Erdbeere einschneiden, an den Glasrand stecken und mit einem dicken Strohhalm servieren.

*Nährwerte pro Portion: kcal 155,5, EW 4 g, F 3,5 g, KH 25 g*

# Fruchtiger Frühlingsgruß

*Wenn die Frühlingsgöttin ihren Auftritt hat, wird dieser erfrischende Smoothie aufgetischt. Papaya und Ananas steigern das Wohlbefinden und stimulieren die Sinne.*

**1** Die Spinatblätter waschen und trocken tupfen, in den Mixer geben. Beide Enden der ganzen Ananas ca. 2 cm breit abschneiden. Die Frucht auf eine Schnittstelle stellen und die Schale längs großzügig abschneiden, sodass keine Schalenreste zurückbleiben. Die Ananas vierteln und den holzigen Strunk in der Mitte ebenfalls längs abschneiden und entfernen. Die Frucht in kleine Stücke schneiden. Die Hälfte der Ananaswürfel in den Mixer geben, den Rest einfrieren oder anderweitig verwerten.

**2** Die Papaya halbieren, die Kerne mit einem Löffel entfernen. Das Fruchtfleisch herauslösen und in den Mixer geben. Die Pitaya halbieren, das Fruchtfleisch mit dem Löffel entfernen und ebenfalls in den Mixer geben. Rosa Pfefferbeeren und Mandelmilch zufügen und alles ca.30 Sekunden auf höchster Stufe pürieren.

**3** Eventuell süßen, die Eiswürfel dazugeben und alles pürieren, bis die gewünschte Konsistenz erreicht ist. Smoothie in ein Glas gießen, mit Minze dekorieren und mit dem Strohhalm servieren.

*Nährwerte pro Portion: kcal 187,5, EW 3 g, F 1,5 g, KH 38 g*

## Zutaten
### für 2 Portionen:

- 30 g frischer Babyspinat
- ½ reife Ananas (Fruchtmenge ca. 200 g)
- 1 reife Papaya (Fruchtmenge ca. 200 g)
- 1 gelbe Drachenfrucht (Pitaya) (alternativ: 2 Kiwis)
- 1 TL rosa Pfefferbeeren
- 100 ml Mandelmilch (2,9% Fett)
- Honig, Ahornsirup oder Stevia nach Geschmack
- 4-5 Eiswürfel (optional)
- Minzeblättchen zur Deko
- 1 dicker Strohhalm

*(siehe Foto Seite 34, unten)*

# Melisandes Mango-Smoothie

## Zutaten
### für 2 Portionen:

- 1 ½ reife Banane
  (Fruchtmenge ca. 200 g)
- 1 reife Mango
  (Fruchtmenge ca. 200 g)
- 1 TL rosa Pfefferbeeren
- 50 g getr. Cranberries
- 1 TL Mohn
- 100 g Erdbeerjoghurt,
  (3,5 % Fett)
- 50 ml kalter Orangensaft
- 4-5 Eiswürfel (optional)
- Honig, Ahornsirup oder Stevia
  nach Geschmack
- 1 Minzeblättchen für die Deko
- 1 dicker Strohhalm

*Die liebliche Melisande schwört auf die Götterspeise Mango, denn diese verhilft Ihnen zu strahlenden Augen und einem hinreißenden Lächeln. Wer sollte Ihnen nach dem Trunk noch widerstehen?*

*1* Die Banane schälen und in Scheiben schneiden. Rest einfrieren. Die Mango waschen, trocken reiben, schälen und das Fruchtfleisch vom Kern schneiden.

*2* Bananenscheiben, Mangofleisch, rosa Pfefferbeeren und Cranberries in den Mixer geben und ca. 30 Sekunden pürieren. Erdbeerjoghurt, Orangensaft und Eiswürfel zufügen, eventuell süßen, und erneut mixen, bis die gewünschte Konsistenz erreicht ist.

*3* Smoothie in ein Glas gießen und mit dem Minzeblättchen dekorieren. Mit einem dicken Strohhalm servieren.

*Nährwerte pro Portion: kcal 290, EW 5 g, F 3 g, KH 61 g*

*Das Provitamin A in der Mango hilft dem Körper bei der Zellerneuerung der Haut und verbessert die Sehkraft. Das Kalzium im Joghurt sorgt für gesunde Zähne.*

# Kirschmund mit Brombeerkuss

## Zutaten

### für 2 Portionen:

- 250 g frische oder TK-Brombeeren
- 200 g frische oder TK-Kirschen
- 5 Minzeblättchen
- 1 TL getr. Malvenblüten
- 10 g Gojibeeren
- 200 ml Mandelmilch (2,9 % Fett)
- 1 EL Ahornsirup
- 4-5 Eiswürfel (optional)
- Beeren nach Geschmack zur Deko
- 1 dicker Strohhalm

*Die Kirsche ist absolut magisch und macht schöne Haut. Heiratswillige schneiden am 4. Dezember, dem Barbaratag, Kirschzweige ab und stellen sie in eine Vase. Dann klappt es schon mit dem Liebsten.*

1 Die Brombeeren kurz abbrausen und trocken tupfen. Oder gefrorene Brombeeren verwenden.

2 Kirschen abbrausen, trocken tupfen und entsteinen. Oder gefrorene Kirschen verwenden. Minzeblättchen abbrausen und trocken tupfen.

3 Beeren, Kirschen, Minzeblättchen, Malvenblüten und Gojibeeren mit der Mandelmilch und dem Ahornsirup in den Mixer geben und ca. 30 Sekunden auf höchster Stufe mixen. Eiswürfel zufügen und nochmals mixen, bis die gewünschte Konsistenz erreicht ist.

4 Den Smoothie in eine Glas gießen. Mit Beeren dekorieren und mit einem dicken Strohhalm servieren.

*Nährwerte pro Portion: kcal 136, EW 3,2 g, F 10 g, KH 21,5 g*

Mit ihren hohen Vitamin-E-Anteilen und die Haut verjüngendem Beta-Carotin sind Brombeeren ein besonders effektives Anti-Aging-Obst.

# Feuer und Eis

*Heiße Leidenschaft und kühle Schönheit gehen in diesem Smoothie Hand in Hand. Simsalabim – mit diesem magischen Trank entzünden Sie Ihr inneres Feuer!*

**1** Die Banane schälen und in Scheiben schneiden. Die Hälfte davon in den Mixer geben. Oder gefrorene Bananenscheiben verwenden. (siehe Tipp auf Seite 74).

**2** Die Mango waschen, trocken reiben und schälen und das Fruchtfleisch vom Kern schneiden.

**3** Den Pfirsich waschen und gründlich trocken reiben. Die Frucht in der Falte rund herum bis zum Kern einschneiden und dann die Hälften gegeneinander drehen. Den Kern herauslösen und das Pfirsichfleisch in grobe Stücke schneiden.

**4** Mango und Pfirsichstücke ebenfalls in den Mixer geben, Pistazien, Kardamom, Kokosmilch und Chilipulver zufügen und 30 Sekunden pürieren.

**5** Eventuell süßen, die Eiswürfel dazugeben und mixen, bis die gewünschte Konsistenz erreicht ist. Smoothie in ein Glas gießen, Safranfäden daraufstreuen und mit einem dicken Strohhalm servieren.

*Nährwerte pro Portion: kcal 229, EW 2,7 g, F 10 g, KH 4,2 g*

## Zutaten
### für 2 Portionen:

- ½ reife Banane (Fruchtmenge ca. 60 g)
- 1 reife Mango (Fruchtmenge ca. 200 g)
- 1 reifer gelber Pfirsich (Fruchtmenge ca. 120 g)
- 10 g geschälte Pistazien
- ¼ TL gem. Kardamom
- 200 ml Kokosmilch (19 % Fett)
- 1 Prise Chilipulver
- Honig, Ahornsirup, oder Stevia nach Geschmack
- 4-5 Eiswürfel (optional)
- einige Safranfäden
- 1 dicker Strohhalm

*(siehe Foto Seite 8, unten)*

*Zeus sagt man nach, er habe in einem Bett aus Safran geschlafen. Sie dürfen sich bei diesem Smoothie an den stimmungsaufhellenden Qualitäten des kostbaren Gewürzes erfreuen.*

# Ewige Jugend

*Im fernen Osten ist die Pflaume das Symbol für Frühling, Jugend und Reinheit. Betören Sie Ihren Liebsten mit diesem Pflaumen-Smoothie und er wird Sie immer jung und schön wahrnehmen.*

## Zutaten
### für 2 Portionen:

- 200 g reife Pflaumen
- 30 g Pflaumenmus
- 150 g griechischer Joghurt (10 % Fett)
- ¼ TL gem. Kardamom
- ½ TL Zimt
- Honig, Ahornsirup oder Stevia nach Geschmack
- 4-5 Eiswürfel (optional)
- 1 Blüte für die Deko
- 1 dicker Strohhalm

*1* Pflaumen waschen und trocken reiben. Früchte in der Falte rund herum bis zum Kern einschneiden und dann die Hälften gegeneinander drehen. Den Kern herauslösen, das Fruchtfleisch klein schneiden und in den Mixer geben.

*2* Pflaumenmus, Joghurt, Kardamom und Zimt zufügen und ca. 30 Sekunden auf höchster Stufe pürieren. Eventuell süßen, die Eiswürfel zufügen und nochmals kurz mixen.

*3* Smoothie in ein Glas gießen, mit der Blüte dekorieren und mit dem Strohhalm servieren.

*Nährwerte pro Portion: kcal 165, EW 3,5 g, F 7,5 g, KH 20 g*

Weichen Sie 4 getrocknete Aprikosen über Nacht in 50 ml Orangensaft ein und geben Sie sie statt des Pflaumenmus dazu.

# Punicas Jungbrunnen

## Zutaten
### für 2 Portionen:

- 100 g frische oder TK-Erdbeeren
- 100 g frische oder TK-Himbeeren
- 1 Granatapfel (Fruchtmenge ca. 75 g)
- 10 kernlose rote Trauben
- 1 gekochte Rote Bete (Gemüsemenge ca. 125 g)
- 10 g Kresse
- Honig, Ahornsirup oder Stevia nach Geschmack
- 3-4 Eiswürfel (optional)
- 1 dicker Strohhalm

*(siehe Foto Seite 37, oben)*

*Sie wollen jung und begehrenswert sein? Dann wählen Sie diesen Granatapfel-Smoothie als unterstützenden Trank. Der Granatapfel steht in der Mythologie für Frühling, Fruchtbarkeit und Verjüngung.*

**1** Die Erdbeeren waschen, putzen und in Stücke schneiden. Die Himbeeren vorsichtig waschen und trocken tupfen. Oder jeweils TK-Beeren verwenden. Den Granatapfel vierteln und mit einem Löffel die Kerne herauslöffeln. Die Trauben waschen und zusammen mit den Beeren und den Granatapfelkernen in den Mixer füllen und ca. 30 Sekunden auf höchster Stufe pürieren.

**2** Die Rote Bete klein schneiden (Gummihandschuhe anziehen, Rote Bete färbt die Finger rot). In den Mixer geben.

**3** Die Kresse abbrausen und einige Blättchen beiseitelegen. Restliche Kresse zufügen. Eventuell süßen, die Eiswürfel zufügen und mixen, bis die gewünschte Konsistenz erreicht ist. Smoothie in das Glas gießen und mit den Kresseblättchen dekorieren. Mit einem Strohhalm servieren.

*Nährwerte pro Portion:*
*kcal 172, EW 3,5 g,*
*F 1,5 g, KH 38 g*

# Ariadnes Aprikosengold

*Die Aprikose gilt als weiblichste aller Früchte und ist Gold wert. Verwenden Sie sie wie in diesem Smoothie, brauchen Sie keinen Zauberspiegel mehr, der Ihnen sagt, wie schön Ihre Haut ist.*

1 Aprikosen waschen und trocken tupfen, an der Naht einschneiden und gegeneinander drehen. Die Kerne entfernen und die Früchte in kleine Stücke schneiden.

2 Die Papaya waschen, halbieren und mit einem Teelöffel die schwarzen Kerne entfernen. Das Fruchtfleisch mit dem Löffel aus der Schale lösen und mit den Aprikosen in den Mixer geben.

3 Orange halbieren, eine Scheibe abschneiden und beseitelegen. Den Rest schälen, in grobe Stücke schneiden und zusammen mit den Maulbeeren in den Mixer geben, ca. 30 Sekunden pürieren.

4 Eventuell süßen, die Eiswürfel zufügen und nochmals mixen, bis die gewünschte Konsistenz erreicht ist. Den Smoothie in ein Glas gießen, die Orangenscheibe an den Glasrand stecken und mit einem dicken Strohhalm servieren.

*Nährwerte pro Portion: kcal 83, EW 2 g, F 0,5 g, KH 16 g*

## Zutaten
### für 2 Portionen:

- 4 reife Aprikosen (Fruchtmenge ca. 200 g)
- ½ reife Papaya (Fruchtmenge ca. 100 g)
- 1 Orange (Fruchtmenge ca. 100 g)
- 1 EL getr. Maulbeeren
- Honig, Ahornsirup oder Stevia nach Geschmack
- 4-5 Eiswürfel (optional)
- 1 dicker Strohhalm

*Aprikosen verfügen über reichlich Beta-Carotin, das die Sehkraft fördert und die Haut vor UV-Strahlen schützt.*

# Red-Beauty-Smoothie

## Zutaten
### für 2 Portionen:

- 1 kleine rote Paprika
  (Gemüsemenge ca. 100 g)
- 125 g TK-Himbeeren
- 1 große Orange
  (Fruchtmenge ca. 200 g)
- 100 ml Orangensaft
- 1 Prise scharfes Paprikapulver
- Honig, Ahornsirup oder Stevia
  nach Geschmack
- 4-5 Eiswürfel (optional)
- einige Himbeeren zur Deko
- 1 Holzspießchen
- 1 dicker Strohhalm

*Der Smoothie signalisiert schon mit seiner intensiven Farbe, wie gesund er ist. Er versorgt Sie mit mehr als dem Tagesbedarf an Vitamin C.*

*Der köstliche Trunk mit feurigem Kick ist gerade im Winter angenehm. Paprika, Himbeeren und Orange lassen Sie strahlen. Trinken Sie ihn wenigstens zweimal die Woche und Sie werden sehen, wie umwerfend Sie wirken.*

1 Die Paprika waschen, trocken reiben und halbieren. Den Strunk und die weißen Samenstränge entfernen. Jede Paprikahälfte mit einem Sparschäler dünn schälen, in kleine Stücke schneiden und mit den TK-Himbeeren in den Mixer geben.

2 Die Orange schälen, entkernen und die Segmente klein schneiden, dabei die Kerne entfernen. Mit dem Orangensaft und der Prise Paprika in den Mixer geben. Eventuell süßen, die Eiswürfel zufügen und nochmals mixen, bis die gewünschte Konsistenz erreicht ist.

3 Smoothie in ein Glas gießen, die Himbeeren zur Deko auf den Holzspieß stecken und über den Glasrand legen. Mit dem Strohhalm servieren.

*Nährwerte pro Portion: kcal 124, EW 2,5 g, F 0,5 g, KH 25 g*

# Madame Lunas Powersmoothie

*Alle fünf Zutaten dieses Verjüngungstranks aus Madame Lunas Küche verleihen Ihnen ein blendendes Aussehen und jugendliche Frische. Am besten bei Vollmond zubereiten.*

**1** Die Orange schälen, entkernen und die Segmente klein schneiden, dabei die Kerne entfernen. Mit dem ausgetretenen Saft in den Mixer geben.

**2** Beide Enden der ganzen Ananas ca. 2 cm breit abschneiden. Die Frucht auf eine der beiden Schnittstellen stellen und die Schale längs großzügig abschneiden, sodass keine Schalenreste zurückbleiben. Die Ananas vierteln und den holzigen Strunk in den Mitte ebenfalls längs abschneiden und entfernen. Die Frucht in kleine Stücke schneiden, eine Hälfte in den Mixer geben, den Rest einfrieren oder anderweitig verwerten.

**3** Die Banane schälen, in Scheiben schneiden und die Hälfte davon zur Ananas geben. Rest einfrieren. Alle Zutaten 30 Sekunden auf höchster Stufe pürieren. Kokoswasser und Gojibeeren zufügen, eventuell süßen, die Eiswürfel zufügen und nochmals mixen, bis die gewünschte Konsistenz erreicht ist.

**4** Smoothie in ein Glas gießen. Mit einem Strohhalm servieren.

*Nährwerte pro Portion: kcal 225,5, EW 2,7 g, F 4,5 g, KH 31,5 g*

## Zutaten
### für 2 Portionen:

- 1 große Orange (Fruchtmenge ca. 200 g)
- ½ frische Ananas (Fruchtmenge ca. 200 g)
- ½ reife Banane (Fruchtmenge ca. 60 g)
- 100 ml Kokoswasser
- 1 EL Gojibeeren
- Honig nach Geschmack
- 4-5 Eiswürfel (optional)
- 1 dicker Strohhalm

*(siehe Foto Seite 50, Mitte)*

Ob Vollmond oder nicht – die Ananas gilt dank ihres hohen Gehalts an Bromelin als Geheimtipp für schnelleres Abnehmen. Das Enzym soll für eine bessere Fettverbrennung sorgen.

# Liebe, Glück und Schutz

# Rosarotes Liebesglück

*Wenn ein Mann und eine Frau von derselben Rote-Bete-Knolle essen, werden sie sich ineinander verlieben, so heißt es in den Weissagungen der guten Hexen. Unbedingt ausprobieren, wenn Sie jemanden im Visier haben.*

## Zutaten

### für 2 Portionen:

- 1 ungespritzte Orange (Fruchtmenge ca. 150 g)
- abgeriebene Schale von 1 Orange
- 1 gekochte Knolle Rote Bete (Gemüsemenge ca. 125 g)
- 1 EL getr. Gojibeeren
- 50 ml Mandelmilch (2,9% Fett)
- Honig, Ahornsirup oder Stevia nach Geschmack
- 4-5 Eiswürfel (optional)
- 1 Orangenscheibe für die Deko
- 1 dicker Strohhalm

*In Rote Bete steckt viel Folsäure und Eisen – beides ist wichtig für die Blutbildung. Der rote Pflanzenfarbstoff Betanin wirkt im Körper als Antioxidans.*

**1** Orange schälen, waschen, trocken tupfen und die Schale abreiben. Eine Scheibe abschneiden, den Rest schälen, die Kerne entfernen und die Segmente klein schneiden. Mit dem ausgetretenen Saft und der abgeriebenen Schale in den Mixer geben.

**2** Die Rote-Bete-Knolle halbieren, erst in Scheiben, dann in Würfel schneiden. (Gummihandschuhe anziehen, Rote Bete färbt die Finger rot). Zu der Orange in den Mixer geben.

**3** Gojibeeren und Mandelmilch zufügen und 30 Sekunden auf höchster Stufe pürieren. Eventuell süßen, die Eiswürfel zufügen und nochmals mixen, bis die gewünschte Konsistenz erreicht ist. Den Smoothie in ein Glas gießen. Die Orangenscheibe einschneiden und an den Glasrand stecken. Mit einem Strohhalm servieren.

*Nährwerte pro Portion: kcal 100, EW 2,5 g, F 2 g, KH 19,5 g*

# Janus' Smoothie

*Zwei erfreuliche »Gesichter« hat dieser magische Smoothie: Minze und Ananas stehen für Wohlstand und Geld – Erdbeeren und Banane sorgen für Lebenskraft und Energie.*

*1* Den Spinat waschen und trocken schleudern. Minzeblättchen abbrausen und trocken tupfen.

*2* Die ganze Ananas küchenfertig zubereiten und in kleine Stücke schneiden. Die Hälfte des Fruchtfleisches zusammen mit dem Spinat und den Minzeblättchen in den Mixer geben. Rest einfrieren. Auf höchster Stufe pürieren und den Smoothie in ein Glas gießen.

*3* Frische Erdbeeren waschen, putzen, trocken tupfen (eine für die Garnitur beiseitelegen) und halbieren. In den Mixer geben. Oder TK-Erdbeeren verwenden.

*4* Banane schälen und in Scheiben schneiden. Mit Kurkuma in den Mixer geben und 30 Sekunden auf höchster Stufe pürieren. Eventuell süßen und die Eiswürfel zufügen und nochmals mixen, bis die gewünschte Konsistenz erreicht ist.

*5* Erdbeer-Smoothie über den Rücken eines Esslöffels vorsichtig auf den Spinatsmoothie laufen lassen. Beiseitegelegte Erdbeere einschneiden, an den Glasrand stecken. Smoothie mit einem dicken Strohhalm servieren.

*Nährwerte pro Portion: kcal 133,5, EW 2 g, F 0,5 g, KH 29,5 g*

## Zutaten
### für 2 Portionen:

- 40 g Babyspinat
- 5-6 Minzeblättchen
- ½ Ananas
  (Fruchtmenge ca. 100 g)
- 125 g frische oder
  TK- Erdbeeren
- 1 reife Banane
  (Fruchtmenge ca. 120 g)
- ½ TL Kurkuma
- Honig, Ahornsirup oder Stevia
  nach Geschmack
- 4-5 Eiswürfel (optional)
- 1 dicker Strohhalm

*(siehe Foto Seite 50, links)*

# Sternschnuppen-Smoothie

*Verzaubern Sie Ihren Liebsten mit diesem Smoothie und er wird für Sie die Sterne vom Himmel holen.*

## Zutaten
### für 2 Portionen:

- 1 reife Banane (Fruchtmenge ca. 120 g)
- 1 grüner Apfel (Fruchtmenge ca. 150 g)
- 1 Sternfrucht (Fruchtmenge ca. 90 g)
- Saft von 1 Limette
- 1 Kiwi (Fruchtmenge ca. 60 g)
- 1 EL Gojibeeren
- 100 ml Apfelsaft
- Honig, Ahornsirup oder Stevia nach Geschmack
- 3-4 Eiswürfel (optional)
- 1 dicker Strohhalm

*1* Die Banane schälen und in Scheiben schneiden. Apfel und Sternfrucht waschen und trocken tupfen. Apfel vierteln und das Kerngehäuse entfernen, dann in Achtel schneiden. Sternfrucht in Scheiben schneiden und 1 Scheibe beiseitelegen. Mit Bananenscheiben in den Mixer geben. Limettensaft zufügen und 30 Sekunden auf höchster Stufe pürieren.

*2* Die Kiwi schälen und in Scheiben schneiden, mit Gojibeeren und Apfelsaft in den Mixer geben und eventuell süßen. Die Eiswürfel zufügen und nochmals mixen, bis die gewünschte Konsistenz erreicht ist.

*3* Smoothie in ein Glas gießen, die Sternfruchtscheibe einschneiden und an den Glasrand stecken. Mit einem dicken Strohhalm servieren.

*Nährwerte pro Portion: kcal 173,5, EW 2,5 g, F 5,5 g, KH 26,5 g*

*Die Sternfrucht oder Karambole macht geschmacklich als Solist zwar keinen besonderen Eindruck, aber im Smoothie entfaltet sie ihr wunderbares Aroma.*

# Azteken-Smoothie

## Zutaten
### für 2 Portionen:

- 1 reife Banane
  (Fruchtmenge ca. 120 g)
- 2 EL Schokoladensirup
  (z.B. Hershey's)
- ½ TL Zimt
- 150 ml ungesüßte Mandelmilch
  (2,9% Fett)
- Honig, Ahornsirup oder Stevia
  nach Geschmack
- 4-5 Eiswürfel (optional)
- 1 Zimtstange
- 1 dicker Strohhalm

*(siehe Foto Seite 8, oben)*

*Für die Azteken, die die Schokolade erfunden haben, war es ein Trank, den nur Könige zu sich nehmen durften. Heute macht Schokolade uns alle glücklich.*

**1** Die Banane schälen und in Scheiben schneiden. Bananenscheiben mit Schokoladensirup, Zimt und Mandelmilch in den Mixer geben und auf höchster Stufe ca. 30 Minuten pürieren.

**2** Eventuell süßen, die Eiswürfel zufügen und nochmals mixen, bis die gewünschte Konsistenz erreicht ist.

**3** Den Smoothie in ein Glas gießen. Mit der Zimtstange dekorieren und mit einem dicken Strohhalm servieren.

*Nährwerte pro Portion: kcal 146, EW 3,5 g, F 1 g, KH 27 g*

Der aromatische Zimt wird gern in magischen Ritualen verwendet, sei es, um zu Reichtum zu gelangen oder Schutz zu erbitten. Sein Element ist das Feuer.

# Grüner Seelen-schmeichler

Sie haben Liebeskummer? Dann braucht Ihre Seele ein paar Streicheleinheiten. Dieser leichte Trank vertreibt die Traurigkeit, schenkt Ihnen Selbstvertrauen und macht Sie schön.

*1* Die Gurke waschen, trocken reiben und rund herum wie einen Apfel schälen, sodass eine Spirale entsteht, diese für die Deko beiseitelegen. Kerne mit einem Teelöffel entfernen, das Fruchtfleisch grob würfeln und in den Mixer geben.

*2* Die Haut der Kiwi abziehen und die Frucht klein schneiden, ebenfalls in den Mixer geben. Die Trauben waschen, trocken tupfen, halbieren und zufügen. Alles ca. 30 Sekunden pürieren.

*3* Apfelsaft in den Mixer geben, mit Koriander würzen, eventuell süßen, die Eiswürfel zufügen und alles mixen, bis die gewünschte Konsistenz erreicht ist.

*4* Smoothie in ein Glas gießen, Gurkenspirale einhängen und mit einem dicken Strohhalm servieren.

*Nährwerte pro Portion:*
*kcal 84, EW 2,5 g, F 0,7 g, KH 16,5 g*

## Zutaten
### für 2 Portionen:

- 1 kleine Gurke (Gemüsemenge ca. 200 g)
- 1 reife Kiwi (Fruchtmenge ca. 60 g)
- 100 g grüne kernlose Trauben
- 100 ml Apfelsaft
- 1 Prise gemahlener Koriander
- 4-5 Eiswürfel (optional)
- Honig, Ahornsirup oder Stevia nach Geschmack
- 1 dicker Strohhalm

# Hochzeits-smoothie

## Zutaten

### für 2 Portionen:

- 100 g frische oder TK-Himbeeren
- 100 g frische oder TK-Brombeeren
- 100 g frische oder TK-Heidelbeeren
- 100 g frische oder TK-Erdbeeren
- 150 ml Buttermilch
- 20 große Blätter Basilikum
- Honig, Ahornsirup oder Stevia
- 4-5 Eiswürfel (optional)
- 1 dicker Strohhalm

*Basilikum, das Königskraut , beschützt das Glück der Liebenden und sorgt für Wohlstand. Am besten nicht nur in den Smoothie tun, sondern auch in den Brautstrauß flechten.*

**1** Alle frischen Beeren putzen, waschen, trocken tupfen, dann in den Mixer geben oder alle gefrorenen Beeren in den Mixer geben. Einige Brombeeren für die Deko beiseitelegen.

**2** Buttermilch und Basilikum zufügen und ca. 30 Sekunden pürieren. Eventuell süßen, die Eiswürfel zufügen und mixen, bis die gewünschte Konsistenz erreicht ist.

**3** Smoothie in ein Glas gießen, mit Brombeeren dekorieren und mit einem dicken Strohhalm servieren.

*Nährwerte pro Portion: kcal 169, EW 4,2 g, F 1 g, KH 34 g*

*Zum Ergänzen oder Austauschen nehmen Sie je nach Jahreszeit Johannisbeeren, Stachelbeeren oder auch getrocknete Cranberries.*

# Blue Moon

Zur magischen Stunde des Blue Moons ist es Zeit für diesen besonderen Liebestrank aus Blaubeeren, dessen Ingwerschärfe Sie ebenso betören wird wie Ihren Liebsten.

## Zutaten
### für 2 Portionen:

- 250 g TK-Blaubeeren
- ½ reife Banane (Fruchtmenge ca. 60 g)
- 1 Stück frische Ingwerwurzel, 2 cm
- 1 EL getr. Maulbeeren
- 125 ml Mandelmilch (2,9% Fett)
- 3 junge Borretschblätter
- Honig, Ahornsirup oder Stevia nach Geschmack
- 4-5 Eiswürfel (optional)
- 1 dicker Strohhalm

*(siehe Foto Seite 50, rechts)*

1. Die Blaubeeren in den Mixer geben. Die Banane schälen und in Scheiben schneiden. Den Ingwer schälen und in feine Würfel schneiden.

2. Blaubeeren, Banane, Ingwer und Maulbeeren mit der Mandelmilch in den Mixer geben und 30 Sekunden auf höchster Stufe pürieren.

3. Borretschblätter zufügen und nochmals mixen, bis die gewünschte Konsistenz erreicht ist. Eventuell süßen, die Eiswürfel zufügen und nochmals kurz mixen.

4. Smoothie in ein Glas gießen und mit dem Strohhalm servieren.

*Nährwerte pro Portion: kcal 154, EW 4,5 g, F 3,5 g, KH 32,5 g*

Ohne Hokuspokus wirkt die wundersame Ingwerwurzel wohltuend auf die Verdauung. So kann die Liebe nach diesem Smoothie getrost durch den Magen gehen.

# Lunas Liebestrank

*Welch ein Leuchten! In dieses Glas hat Madame Luna die Sonne gegossen. Genießen Sie den fruchtigen Trank mit Ihrem Liebsten und strahlen Sie mit ihm um die Wette.*

**1** Aprikosen, Pfirsiche und Nektarinen waschen und trocken reiben. Die Früchte in der Falte rund herum bis zum Kern einschneiden und dann die Hälften gegeneinander drehen. Den Kern entfernen und die Früchte in grobe Stücke schneiden.

**2** Fruchtstücke in den Mixer geben. Zimt, Mandelmilch, Joghurt und gemahlene Mandeln zufügen und ca. 30 Sekunden pürieren. Eventuell süßen, die Eiswürfel zufügen und nochmals mixen, bis die gewünschte Konsistenz erreicht ist.

**3** Smoothie in ein Glas gießen, mit Blüten dekorieren und mit dickem Strohhalm servieren.

*Nährwerte pro Portion:*
*kcal 196,5, EW 5 g, F 4,5 g, KH 32,5 g*

*In der Mythologie der alten Völker galten Aprikose und Pfirsiche als Aphrodisiaka und für Liebeszaubereien aller Art geeignet. Die Mandel hingegen hilft nicht nur beim Abnehmen, sondern liefert die wertvollen Vitamine B und E.*

## Zutaten
### für 2 Portionen:

- 150 g reife Aprikosen
- 200 g weiße Pfirsiche
- 200 g Nektarinen
- ¼ TL Zimt
- 125 ml Mandelmilch (2,9% Fett)
- 125 g Vanille-Joghurt (3,5% Fett)
- 1 EL gemahlene Mandeln
- Honig, Ahornsirup oder Stevia
- 3-4 Eiswürfel (optional)
- 2 kleine Blüten für die Deko
- 1 dicker Strohhalm

# Erdbeer-Feigen-Smoothie für 1001 Nächte

## Zutaten

### für 2 Portionen:

- 250 g frische oder TK-Erdbeeren,
- 3 getrocknete Feigen
- 50 ml Orangensaft
- 50 ml Kokosmilch (19 % Fett)
- 2 EL Kokosflocken
- ¼ TL gemahlener Kardamom
- Honig, Ahornsirup oder Stevia nach Geschmack
- 4-5 Eiswürfel (optional)
- 1 dicker Strohhalm

*Erdbeeren, Feigen, Kardamom – hier locken Sheherazade und der Orient. Stärken Sie sich mit diesem Smoothie, bevor Sie sich mit Ihrem Liebsten auf die sinnliche Reise durch Tausendundeine Nacht begeben.*

*1* Die Erdbeeren gründlich waschen, trocken tupfen und die grünen Blättchen entfernen oder gefrorene Früchte verwenden. Eine besonders schöne Erdbeere beiseitelegen. Die Früchte in Stücke schneiden und in den Mixer geben.

*2* Feigen in kleine Stücke schneiden, Orangensaft, Kokosmilch, Kokosflocken und Kardamom zufügen und 30 Sekunden auf höchster Stufe pürieren. Eventuell süßen, die Eiswürfel zufügen und nochmals mixen, bis die gewünschte Konsistenz erreicht ist.

*3* Smoothie in ein Glas gießen. Die beiseitegelegte Erdbeere einschneiden und an den Glasrand stecken. Mit dem Strohhalm servieren.

*Nährwerte pro Portion: kcal 245,5, EW 12,5 g, F 15,5 g, KH 32 g*

*Wer Kokosmilch nicht mag, kann sie immer gegen Milch oder Mandelmilch austauschen und mit allen heimischen und exotischen Früchten kombinieren.*

# Holunder-Fee

*Die Holunder-Fee schützt nicht nur Haus und Hof vor bösen Geistern, sondern in Form dieses vitaminreichen Smoothies voller Mineralstoffe auch Ihre Gesundheit.*

## Zutaten
### für 2 Portionen:

- 1 ungespritzter süßer Apfel
  (Fruchtmenge ca. 150 g)
- 1 ungespritzte saftige Birne
  (Fruchtmenge ca. 200 g)
- ½ Banane
  (Fruchtmenge ca. 60 g)
- 100 ml Holunderbeersaft
- Honig, Ahornsirup oder Stevia
  nach Geschmack
- 3-4 Eiswürfel (optional)
- 1 dicker Strohhalm

*(siehe Foto Seite 63, vorn)*

*1* Apfel und Birne gründlich mit warmem Wasser waschen und trocken tupfen. Die Früchte vierteln, das Kerngehäuse entfernen und klein schneiden. In den Mixer geben.

*2* Banane schälen und in Scheiben schneiden, ebenfalls in den Mixer geben. Holunderbeersaft zufügen und alles auf höchster Stufe 30 Sekunden pürieren.

*3* Eventuell süßen und die Eiswürfel zufügen und nochmals mixen, bis die gewünschte Konsistenz erreicht ist. Mit einem Strohhalm servieren.

*Nährwerte pro Portion: kcal 144,5, EW 2,5 g, F 1 g, KH 31,5 g*

Holunderbeeren haben sich als wirksames Hausmittel gegen Erkältung und Grippe bewährt, der Apfel schützt unser Herz und die Birne fördert die Verdauung. Diese Powerfrüchte sind also wahrhaft gute Beschützer.

# Irischer Zauberkelch

*Ein Zaubertrank von giftgrüner Farbe, der es in sich hat. Es geht die Kunde um, er schütze vor Warzen, Buckel und dem bösen Blick. Vor allem aber stärkt er die Muskeln, sollten Sie sie mal spielen lassen müssen.*

**1** Babyspinat und Basilikum waschen und trocken tupfen. Kiwis waschen und trocken reiben. Anschließend schälen und in grobe Stücke schneiden. Trauben waschen, trocken tupfen und halbieren.

**2** Kiwis, Babyspinat, Basilikum und die Hälfte des Orangensafts in den Mixer geben, auf höchster Stufe ca. 30 Sekunden mixen. Restlichen Orangensaft, Trauben und Aloe-Vera-Saft zufügen und nochmals ca. 30 Sekunden auf höchster Stufe pürieren. Eventuell süßen, die Eiswürfel zufügen und nochmals mixen, bis die gewünschte Konsistenz erreicht ist.

**3** Den Smoothie mit Strohhalm servieren. Falls Sie noch ein Glückskleeblatt finden, erhöht sich die magische Kraft.

*Nährwerte pro Portion:*
*kcal 138, EW 3 g, F 1 g, KH 26,5 g*

## Zutaten
### für 2 Portionen:

- 60 g frischer Babyspinat
- 10 große Blätter Basilikum
- 3 reife Kiwi (Fruchtmenge ca. 150 g)
- 150 g kernlose grüne Trauben
- 150 ml Orangensaft
- 1 EL Aloe-Vera-Saft
- Honig, Ahornsirup oder Stevia nach Geschmack
- 4-5 Eiswürfel (optional)
- 1 vierblättriges Kleeblatt zur Deko
- 1 dicker Strohhalm

*(siehe Foto Seite 59, hinten)*

Sie können den Orangensaft auch gegen Apfelsaft und den Aloe-Vera-Saft gegen Kokoswasser austauschen, das ist besonders durstlöschend.

65

# Green Love

*Wussten Sie, wie kostbar Trauben als Aphrodisiakum sind? Die Frucht wird seit Jahrhunderten mit Fruchtbarkeit und Freude in Verbindung gebracht.*

## Zutaten
### für 2 Portionen:

- 30 g frischer Mangold
- 100 g grüne kernlose Trauben
- 1 grüner Apfel
  (Fruchtmenge ca. 100 g)
- ½ reife Avocado
  (Gemüsemenge ca. 50 g)
- 3 Stängel Zitronenmelisse
- 150 ml grüner Tee
- Honig, Ahornsirup oder Stevia
  nach Geschmack
- 4-5 Eiswürfel (optional)
- 1 dicker Strohhalm

*Grün war unter den Minnesängern die Farbe der Liebe. Sie spielt auch in magischen Ritualen eine Rolle, die Reichtum, Glück und Fruchtbarkeit bewirken sollen.*

*1* Die Mangoldblätter und Trauben jeweils waschen und trocken tupfen. Apfel waschen und trocken reiben. Dann vierteln, das Fruchtgehäuse herausschneiden und von einem Viertel einen schmalen Schnitz für die Deko abschneiden. Den Rest klein schneiden. Zusammen mit Mangold und Trauben in den Mixer geben.

*2* Mit einem Esslöffel das Fruchtfleisch aus der Avocadohälfte lösen. Zitronenmelisse kurz abbrausen, trocken tupfen und die Blättchen abzupfen, mit der Avocado ebenfalls in den Mixer geben. Den grünen Tee zugießen und 30 Sekunden pürieren.

*3* Den Smoothie eventuell süßen, die Eiswürfel zufügen und nochmals mixen, bis die gewünschte Konsistenz erreicht ist.

*4* Smoothie in ein Glas gießen. Den Apfelschnitz einschneiden und an den Glasrand stecken. Mit einem dicken Strohhalm servieren.

*Nährwerte pro Portion: kcal 78,5, EW 0,5 g, F 0,5 g, KH 7,5 g*

# Evanoras Orangen-Karotten-Smoothie

*In der Mythologie der Pflanzen stehen Orangen für Glück und Geld, Karotten für Fruchtbarkeit und Lust. Und wer kann das nicht hin und wieder brauchen?*

*1* Die Banane schälen, in Scheiben schneiden und in den Mixer geben. Karotten- und Orangensaft zugießen und alles ca. 30 Sekunden pürieren.

*2* Den Ingwer schälen, in feine Würfel schneiden und ebenfalls in den Mixer geben. Eventuell süßen, die Eiswürfel zufügen und nochmals mixen, bis die gewünschte Konsistenz erreicht ist.

*3* Smoothie in ein Glas gießen, den Minzestängel hineinstecken und mit einem dicken Strohhalm servieren.

*4* Wenn Sie die Haferflocken hinzufügen, sind Sie satt bis zum Mittagessen.

*Nährwerte pro Portion:*
*kcal 90,5, EW 1,5 g, F 0,5 g, KH 19,5 g*

## Zutaten
### für 2 Portionen:

- 1 reife Banane (Fruchtmenge ca. 120 g)
- 100 ml kalter Karottensaft
- 100 ml kalter Orangensaft
- 1 Stück frische Ingwerwurzel, 2 cm
- Honig, Ahornsirup oder Stevia nach Geschmack
- 4-5 Eiswürfel (optional)
- 1 Minzestängel für die Deko
- 1 dicker Strohhalm
- 2 EL Haferflocken (optional)

# Die Magie der Früchte, Gemüse und Kräuter

## Aloe vera

**Planet:** Mond; **Element:** Wasser

**Magische Kräfte:** stärkt Intuition und mediale Fähigkeiten

Man verwendete sie früher für Glücksmagie und Sympathiezauber. Zum Schutz des Hauses sollte man eine Aloe vera neben den Eingang pflanzen. Auf eine Schnur aufgezogene Samen gelten als Glücksbringer. Schon vor 4000 verwendeten die Ägypter die Aloe vera als Heilpflanze. Die Maya in Mexiko gaben ihr den Namen »Quelle der Jugend«.

## Apfel

**Planet:** Venus; **Element:** Wasser

**Magische Kräfte:** beliebte Orakel-Frucht, bewirkt Liebe, Glück, Harmonie, Schutz vor Verhexungen

In vielen kultischen Zeremonien ist der Apfel ein wichtiges Symbol. Als Reichsapfel steht er für Macht und Reichtum, aber auch für deren Vergänglichkeit, als Liebesapfel ist er ein Symbol der Fruchtbarkeit sowie der Sünde. In der griechischen Mythologie widmete Dionysos der Aphrodite einen Apfel als Sinnbild ihrer Schönheit und Liebe. Andernorts ist es Brauch, am Jahresende aus Apfelkernen die Zukunft zu lesen. Sind die Apfelkerne im Gehäuse sternenförmig angeordnet, verspricht dies Glück für das kommende Jahr.

## Aprikose

**Planet:** Venus; **Element:** Wasser

**Magische Kräfte:** aphrodisierend, bewirkt Liebe und Schönheit

Aprikosen tragen weibliche und spirituelle Energie in sich. Sie werden seit alters her der Weiblichkeit und der Fruchtbarkeit zugeordnet. In der Magie wird die Aprikose dazu benutzt, jemandem das Gemüt aufzuhellen oder um Süße in die Beziehung zu bringen. Wer Blätter, Blüten und Kerne bei sich trägt, kann Liebe anziehen.

## Birne

**Planet:** Venus; **Element:** Wasser

**Magische Kräfte:** bewirkt Glück, Harmonie, Schutz vor Verhexungen

Der Birnbaum gehört zu den wichtigsten Schutzbäumen alter Bauernhäuser und wurde traditionell am Tag einer Geburt gepflanzt. Das Wasser des ersten Bades eines Mädchens wurde an den Stamm eines Birnbaumes geschüttet, um damit das Wachstum und die Gesundheit des Mädchens zu fördern.

## Basilikum

**Planet:** Mars; **Element:** Feuer

**Magische Kräfte:** erzeugt starke Liebe, Sieg über das Böse

Der Duft frischen Basilikums lässt zwei Menschen Sympathie füreinander empfinden. Daher wird Basilikum auch dazu verwendet, Streit in der Partnerschaft zu besänftigen. Das Königskraut schenkt dem Menschen, der das Kraut in der Tasche trägt, außerdem Wohlstand. Basilikum wird auf Böden ausgestreut, denn dort, wo Basilikum ist, kann nichts Böses existieren. Als Geschenk zum Neueinzug bringt Basilikum Glück.

## Blaubeere

**Planet:** Venus; **Element:** Wasser

**Magische Kräfte:** von heilsamer Kraft, stärkt die Gesundheit, schützt vor bösen Kräften

Wie bei der Walderdbeere gab es auch beim Heidelbeersammeln ein »Beerenopfer«: Die beim Pflücken entfallenen Beeren blieben für die »Armen Seelen« liegen. Die Blätter sollten als Glücksbringer in Beutel gefüllt werden, die man bei sich trug. In Skandinavien glaubte man früher, Blaubeeren wüchsen besonders dicht an den Eingängen zu den Schatzhöhlen der Zwerge. Um diese freundlich zu stimmen, durfte man Beeren, die beim Sammeln zu Boden fielen, nicht aufheben.

## Borretsch

**Planet:** Jupiter; **Element:** Luft

**Magische Kräfte:** erzeugt Mut, übersinnliche Fähigkeiten

Borretsch steht für Derbheit, Mut und Heiterkeit. Um den eigenen Mut zu stärken, soll man Borretschblüten bei sich tragen. Wer Borretsch isst, soll gute Träume haben, und wie es einem alten Kräuterbuch heißt: »er stärkt das Herz und Hirn, erweckt verzagte, traurige, melancholische Menschen zur Freud und zur Leichtsinnigkeit.«

## Brombeere

**Planet:** Venus; **Element:** Wasser

**Magische Kräfte:** schützt die Gesundheit, bewahrt vor Verhexungen

Wer heimlich einen Brombeerzweig bei sich trägt, erkennt Hexen, hieß es früher. Sowohl die Blätter als auch die Beeren werden auch für Reichtumszauber verwendet, und Brombeersträuchern sagt man Schutz bringende Eigenschaften nach. Beim Durchkriechen des stacheligen Strauches soll man Krankheiten abstreifen oder hellsichtig werden können. Wenn es viele Brombeeren gibt, kommt ein kalter Winter.

## Erdbeere

**Planet:** Venus; **Element:** Wasser

**Magische Kräfte:** bewirkt Liebe und Glück, schützt die Gesundheit, macht schön

Seit Jahrhunderten erfreuen sich Erdbeeren überall großer Beliebtheit, und so schreibt man ihnen allerlei positive Eigenschaften zu. Gern werden sie als Liebesfrüchte serviert. Im Mittelalter galten sie als Sinnbild der Verlockung, und ihre Blätter dienten als Glücksbringer. In der Antike waren Erdbeeren zudem ein beliebtes Schönheitsmittel. Zusammen mit Milch sollten sie für einen frischen Teint sorgen. Aber auch heilende Wirkung wird der Erdbeere zugesprochen. Schon Hildegard von Bingen erwähnt die Walderdbeere als Heilpflanze in ihren Schriften. Aus den gerbstoffhaltigen älteren Blättern und Wurzeln der Walderdbeeren wurde ein Gebräu bereitet, das als Mittel gegen Gelbsucht und Durchfall eingesetzt wurde.

## Gojibeere:

**Magische Kräfte:** gilt als Schutz gegen Beschwörungen oder Verhexungen

Die Früchte des Gemeinen Bocksdorns sind mittlerweile weltweit als Gojibeere bekannt. Im asiatischen Raum wird sie auch »Beere der Glückseligkeit« genannt. Auch ewige Jugend und Langlebigkeit soll man durch ihren Genuss erlangen.

## Granatapfel

**Planet:** Merkur; **Element:** Luft

**Magische Kräfte:** erzeugt Glück, hilft bei der Wunscherfüllung, schafft Wohlstand, Fruchtbarkeit

In arabischen Ländern ist es Tradition, das Brautpaar mit Granatapfelsamen zu bewerfen, um ihm zu Fruchtbarkeit und ewiger Liebe zu verhelfen. In der Antike war der Granatapfel ein Symbol für Frühling, Verjüngung, Unsterblichkeit, Fruchtbarkeit und Regeneration.

## Himbeere

**Planet:** Venus; **Element:** Wasser

**Magische Kräfte:** stärkt die Liebe, bewahrt die Harmonie, schützt vor bösen Geistern

Im Mittelalter wurden Himbeerzweige als Schutz vor Verwünschungen über Türen und Fenster gehängt. Der Verzehr der Beeren entfacht Liebesgefühle.

## Holunder

**Planet:** Venus; **Element:** Erde

**Magische Kräfte:** Schutz vor Verhexungen, bewahrt Wohlstand und Glück, sorgt für Harmonie

Diese Powerpflanze gehört sicherlich zu den volkstümlichsten überhaupt und diente den Menschen früher als vollständige Hausapotheke. Blüten, Früchte, Blätter, Mark, Rinde, Holz und Wurzeln wurden gegen hunderte von Leiden als Heilmittel verwendet. Ein in der Nähe des Hauses gepflanzter Holunder beschert den Bewohnern Wohlstand. Jeden bösen Zauber soll der Holunder aufheben können.

## Karotte:

**Planet:** Merkur; **Element:** Luft

**Magische Kräfte:** begünstigt Fruchtbarkeit, Lust, Gesundheit, Fröhlichkeit und Lebensfreude sowie Hellsichtigkeit

Wen überrascht es da, dass die Heilkraft der Karotten bei der Anwendung von Konzentrationsstörungen, Unruhezuständen, Zerstreutheit, geschwächter Wahrnehmungskraft von Auge und Gehör sogar nachgewiesen ist.

## Kirsche

**Planet:** Venus; **Element:** Wasser

**Magische Kräfte:** Symbol für Lust und Liebe, sorgt für Glück, Harmonie und Fruchtbarkeit

Die Kirsche steht symbolisch für die Sünde und die Verführung, aber auch für die Reinheit, die Unschuld und die göttliche Süße. Sie ist Ausdruck der Fruchtbarkeit und der Freude, außerdem gelten die roten Früchte als Sinnbild der Liebe und Leidenschaft. Die Kirschblüten wurden auch als Heiratsorakel genutzt.

## Malve

**Planet**: Mond; **Element:** Wasser

**Magische Kräfte:** stärkt die Liebe, schützt vor bösen Mächten, erweckt mediale Fähigkeiten

Die Pflanze wurde früher bei sich getragen, um die Liebe anzuziehen. Wenn der oder die Liebste einen verlassen hatte, sollte man einen Strauß Malvenblüten pflücken und ihm/ihr in die Vase vor das Fenster stellen. Dann würde derjenige an einen denken und zurückkehren. Mancherorts galt die unter die Stalltür gelegte Malve als Abwehrmittel gegen Hexen.

## Minze, Pfefferminze

**Planet:** Merkur; **Element:** Luft

**Magische Kräfte**: schützt die Liebe, schafft Heilung, stärkt Intelligenz und übersinnliche Fähigkeiten

Verreibt man Pfefferminze auf Möbeln, Wänden und Dielen, so befreit man diese von negativen Energien. Das Einatmen des Pfefferminzduftes macht schläfrig. Wenn man die Pflanze unter das Kopfkissen legt, kann es passieren, dass einem im Traum ein Blick in die Zukunft gewährt wird. Verwendet wird die Minze auch bei Reise-, Geld- und Wohlstandszaubern. Der einfachste besteht darin, einige Blätter in den Geldbeutel oder die Brieftasche zu legen, frei nach dem Motto »Minze zu Münze«.

## Nektarine/ Pfirsich

**Planet:** Venus; **Element:** Wasser

**Magische Kräfte:** erzeugt Liebe und Glück, erhält die Harmonie und schützt vor bösen Geistern

Der Verzehr von Pfirsichen soll Liebesgefühle entstehen lassen. In China benutzt man Pfirsichbaumzweige zur Vertreibung böser Geister. Kindern hängt man Ketten mit Pfirsichkernen um, denn damit sollten Dämonen vertrieben werden. Die Japaner verwendeten die Äste als Wünschelruten und Zauberstäbe.

## Papaya

**Planet:** Mond; **Element:** Wasser

**Magische Kräfte:** stärkt die Liebe und schützt vor Verwünschungen

Hängt man Blätter des Papayabaumes über der Türschwelle auf, wird dadurch bösen Mächten der Zutritt verwehrt. Isst man die Frucht zusammen mit einem geliebten Menschen, intensiviert das die Liebe.

# Pflaume

**Planet:** Venus; **Element:** Wasser

**Magische Kräfte:** bietet Schutz vor Verhexungen, entfacht Liebe, erzeugt Glück und Harmonie

Über Türen und Fenster angebrachte Äste des Baumes sollten das Haus vor dem Eindringen negativer Energien schützen. Früher glaubte man außerdem, der Verzehr der Frucht entfache und erhalte die Liebe. Wer am Neujahrstag Pflaumen kocht, dem soll das ganze Jahr über das Geld nicht ausgehen.

# Maulbeeren

**Planet:** Venus; **Element:** Wasser

**Magische Kräfte:** schützen die Liebe, bewahren Glück und Harmonie

Der Geschmack von getrockneten Maulbeeren erinnert an Rosinen. Sie werden gern in der traditionellen chinesischen Medizin eingesetzt.

# Rote Bete

**Planet:** Saturn; **Element:** Erde

**Magische Kräfte:** sorgen für starke, ewige Liebe

Wenn ein Mann und eine Frau von derselben Knolle essen, werden sie sich ineinander verlieben. Rote Bete wird in der Liebesmagie auch als Tinte verwendet und dient als Ersatz für Blut.

# Weintrauben

**Planet:** Sonne; **Element:** Feuer

**Magische Kräfte:** sorgen für Fruchtbarkeit und Wohlstand, stärken den Geist

Weinreben auf Gartenmauern gemalt, soll im alten Rom Fruchtbarkeit gewährleisten. Auch der Verzehr von Trauben und Rosinen sollte die Fruchtbarkeit und den Geist stärken. Heute noch steht die Weinrebe in der Pflanzensymbolik für Fruchtbarkeit, Reichtum und Lebensfreude.

# Verbena

**Planet:** Venus; **Element:** Wasser

**Magische Kräfte:** stärkt die Liebe, sorgt für Freundschaft und Frieden, schützt vor bösen Mächten, erweckt Hellsichtigkeit

Verbana (das Eisenkraut) verdankt seinen Namen dem Aberglauben, dass es das beste Heilmittel bei Hieb- und Stichverletzungen sei. Generell schrieb man dem Eisenkraut in der Magie zahlreiche wundersame Eigenschaften zu. Deshalb durfte es in keinem Zaubertrank fehlen. Nach dem druidischen Ritual durfte das Eisenkraut nur zu ganz bestimmten Zeiten gesammelt werden und zwar bei Neumond und wenn der Hundsstern (Sirius) gerade aufgegangen war.

# Waldmeister

**Planet:** Mars; **Element:** Feuer

**Magische Kräfte:** sorgt für Wohlstand und soll Sportlern und Kriegern zum Sieg verhelfen

In einem Lederbeutel getragen, soll er vor Schaden jeder Art bewahren. Er galt als Schutz vor Blitzschlag und als Wetter-Anzeiger: Wenn der Waldmeister besonders stark duftet, nahen Gewitter und Regen. Besonders in der Walpurgisnacht wurde der Waldmeister für Hexenzauber genutzt.

# Zitronenmelisse

**Planet:** Jupiter; **Element:** Luft

**Magische Kräfte:** stärkt den Mut, erweckt übersinnliche Fähigkeiten

Am Herzen getragene Melissenblätter sollen Liebeskummer heilen. Zitronenmelisse gilt auch als das Kraut der Wissenschaft: Es wurde den Studenten gegeben, um ihren Verstand und ihre Erinnerungsvermögen zu schärfen. Bauersfrauen fütterten Kühe mit Zitronenmelisse, damit diese mehr Milch gaben. Hildegard von Bingen empfahl Melisse als Mittel gegen Melancholie »weil Melisse das Herz fröhlich macht.«

# So klappt es in der Smoothie-Zauberbar

Die beliebten Fruchtdrinks munden nicht nur köstlich, sondern versorgen uns – allein mit der Zauberkraft von Mutter Natur – mit jener Extraportion an Vitaminen, Mineralstoffen, sekundären Pflanzenstoffen und Antioxidantien, die uns leistungsfähiger, frischer und gesünder macht. Wenn Sie täglich einen Smoothie trinken, werden Sie schon bald merken, dass Sie sich absolut fit und gerüstet fühlen, den Herausforderungen des Alltags zu begegnen. Und nicht nur das – Smoothies machen gute Laune. Darüber hinaus wirken sie wie Jungbrunnen. Denn verantwortlich für den Alterungsprozess sind die sogenannten freien Radikale, aggressive, hochreaktive Teilchen, die unsere Körperzellen angreifen, schädigen und uns schneller altern lassen. Die Antoxidantien in Obst und Gemüse aber hindern freie Radikale daran, den Alterungsprozess voranzutreiben, indem sie sie unschädlich machen.

## Ganz ohne Zauberkessel – das Smoothie-Rüstzeug

Das wichtigste Werkzeug aus der Smoothie-Hexenküche ist der Mixer. Und für Anfänger kann es der Stabmixer oder der Standmixer sein, den Sie vermutlich sowie schon in Ihrer Küche benutzen. Besonders alle Obst-Smoothies gelingen damit gut. Um allerdings in den vollen Genuss der Vitalstoffe in Blattgemüse zu kommen, reicht es nicht, die Kohl-, Spinat- oder Salatblätter nur zu zerkleinern, sie müssen püriert werden. Dazu brauchen Sie einen Mixer mit 1200 – 1400 Watt bzw. ca. 24 000 Umdrehungen, der mühelos auch Eiswürfel pürieren kann und zwischen 170 und 250 Euro kostet. Sie liefern allerdings auch die besten Ergebnisse und man kann alle Zutaten auf einmal mixen. Die Rezepte in diesem Buch sind mit einem Mixer der Mittelklasse gemacht.

Und was brauchen Sie noch? Ein scharfes Messer, ein ordentliches Schneidebrett (Plastik ist hygienischer als Holz) und einige Eiswürfelbereiter. Wenn Sie neue kaufen, dann nehmen Sie am besten die mit Deckel, damit die Fruchtsäfte, Tees etc. vor dem Gefrieren nicht auslaufen können und die fruchtigen Eiswürfel keine Fremdgerüche annehmen.

# Zutaten mit dem magischen Kick

Am besten nehmen Sie Früchte und Gemüse aus ökologischem Anbau. So erhalten Sie die ernährungsphysiologisch wertvollsten Smoothies. Waschen Sie trotzdem alles gründlich, aber lassen Sie möglichst die Schale an allen Früchten oder Gemüsen, die man nicht grundsätzlich schält wie Banane, Litschi, Mango etc. oder Avocado, Rote Bete und andere Rüben. Gerade die Schale hat's nämlich in sich. Oder Sie nehmen tiefgefrorene Früchte aus dem Supermarkt, doch auch hier sollten Sie darauf achten, dass es sich dabei um Biofrüchte handelt.

Flüssigkeiten wie Vollmilch, Mandelmilch, Reismlich und Säfte machen den Smoothie erst trinkbar, aber das ist nicht ihre einzige Funktion. Sie bereichern das Getränk mit vielen weiteren Vitaminen und Mineralstoffen und balancieren den Geschmack aus. Die Mengenangaben für Flüssigkeiten in den Rezepten sind nur Empfehlungen, die Sie jederzeit verändern können.

Was die Zusätze wie Gojibeeren, getrocknete Maulbeeren etc. betrifft, so handelt es sich dabei um hochwertige Früchte mit Vitalstoffen in hoher Konzentration, die den Smoothies nicht nur geschmacklich einen Kick, sondern vor allem einen enormen Energie-Schub geben.

Mischen Sie die Früchte und Gemüse nach Herzenslust, meine Rezepte sind nur Anregungen. Sie werden schnell herausfinden, welche Frucht- und Gemüse-Kombinationen Ihnen am besten schmecken. Ein fertiger Smoothie hält sich übrigens 3-4 Stunden im Kühlschrank, ohne an Geschmack einzubüßen. Wichtig: Gut mit Folie abdecken!

# Die perfekte Süße

Ob Frosch oder Märchenprinz – nicht jeder mag es gleich süß. Jeder empfindet Süßegrade etwas anders. Reife Früchte sind meistens schon süß genug, zumindest für meinen Geschmack. Aber wer nachsüßen möchte, dem empfehle ich Ahornsirup, Honig oder Stevia. Sie stehen für natürliche bzw. künstliche Süßungsmittel. Wer mag, nimmt raffinierten Zucker, Sirup oder Dicksaft seiner Wahl als Alternative.

Stevia-Extrakt oder Stevia-Pulver hat keine Kalorien, keine Kohlenhydrate und, soweit man bisher weiß, keine die Gesundheit beeinträchtigende Nebenwirkungen. Trotzdem: Verwenden Sie es nur in kleinen Mengen, zum einen, weil es achtmal so süß ist wie Zucker und zum anderen, weil es einen leicht bitteren Nachgeschmack hinterlassen kann, wenn Sie zu viel davon nehmen.

Grundsätzlich gilt: Bevor Sie den Smoothie in ein Glas gießen schmecken Sie ihn ab, denn schließlich soll der Smoothie schmecken und nicht nur gesund sein.

# Simsalabim! 10 Smoothie-Tipps

**Abschmecken** Bereits Schneewittchen wusste: Kein Apfel ist wie der andere, was seinen Geschmack, seine Größe oder seine Farbe betrifft. Und auch manche Banane ist süßer als die andere, ebenso unterscheidet sich Spinat, der im Frühjahr wächst, von dem, der im Herbst geschnitten wird. Deshalb schmecken Sie ihren Smoothie immer ab, bevor Sie ihn kredenzen. Geben Sie eventuell etwas Flüssigkeit, Honig oder auch einige Nüsse in den Zauberkessel, um die Konsistenz und den Geschmack gut auszubalancieren.

**Eiswürfel** aus aromatischen Flüssigkeiten wie Kokosmilch, Kokosnusswasser, verschiedene Tees, Orangen-, Ananas-, oder Apfelsaft etc. sorgen für kühle Smoothies. Diese Flüssigkeiten einfach in einen Eiswürfelbehälter gießen und einfrieren. Bei Bedarf würfelweise entnehmen

**Früchte einfrieren** Geschälte und in Scheiben geschnittene Früchte wie Papayas, Mangos, Apfel, Birne, Aprikosen, Pflaumen, Pfirsiche, Kiwi, Ananas sowie alle Beeren, lassen sich gut einfrieren und portionsweise in kleinen Gefrierbeuteln im Gefrierfach ca. 4 Wochen lagern. So sind sie immer einsatzbereit und kühlen den Smoothie, ohne ihn zu verwässern. Das gilt auch für Gemüse wie Paprika, Brokkoli und Gurke. Natürlich können Sie von vorneherein tiefgefrorenes Gemüse verwenden.

**Getrocknete Früchte und Nüsse oder Samen**, die durch lange Lagerung zu trocken geworden sind und sich nicht richtig pürieren lassen, weichen Sie am besten vorher in Wasser ein. Bei Früchten reichen 15–20 Minuten, Nüsse und Samen brauchen etwa 6–8 Stunden.

**Gewürze** wie Zimt, Muskat, Kurkuma & Co. geben Smoothies nicht nur einen besonderen Kick, sondern sind auch sehr gesund, z. B. soll Zimt den Blutzucker- und den Cholesterinspiegel senken und Muskat verdauungsfördernd und stimmungsaufhellend wirken. Kurkuma ist gut für Leber und Herz und unterstützt das Immunsystem.

**Kokosmilch** in Dosen gibt es heute in jedem Supermarkt, gesüßt und ungesüßt, allerdings immer mit relativ hohem Fettanteil, nämlich 20 %. In Asiamärkten hingegen bekommt man sie auch im Tetrapack mit nur 6 % Fettgehalt. Sie ist dann weniger cremig aber auch homogener, ähnlich wie Vollmilch.

**Mandelmilch** kann man auch selber machen: 200 g geschälte Mandeln mit Wasser bedecken und über Nacht quellen lassen. Das Wasser abgießen und die Mandeln mit 1 Liter heißem Wasser in den Mixer geben. So lange pürieren, bis eine weiße Flüssigkeit ohne Stückchen entsteht. Eine Schüssel mit einem Tuch auslegen. Die Flüssigkeit durch ein Sieb in die Schüssel gießen und das Tuch gut ausdrücken. Fertig ist die Mandelmilch. Sie hält sich im Kühlschrank ca. 1 Woche.

**Nüsse** sollten Sie möglichst immer selbst mahlen. Verwenden Sie am besten geschälte und unbedingt ungesalzene Mandeln, Haselnüsse, Macadamianüsse, Erdnüsse oder Cashewnüsse. Nicht so gut geeignet für Smoothies sind Walnüsse, Pecannüsse und Paranüsse. Weil Nüsse wegen ihres hohen Fettgehalts schnell ranzig werden, bewahrt man nicht gleich verwertete Vorräte am besten im Tiefkühlfach auf.

**Stevia** ist ein süßender Pflanzenextrakt, der deshalb so ideal ist, weil er keine Kalorien hat und auch von Diabetikern verwendet werden darf. Stevia wird sparsam eingesetzt, weil es etwa acht Mal so süß ist wie Zucker und leicht bitter schmeckt, wenn zu viel davon genommen wird.

**Superfoods** wie Goji- und Maulbeeren heißen deshalb Superfoods, weil sie besonders viele Vitalstoffe in sehr hoher Konzentration enthalten. Sie stammen aus Asien und Südamerika und sind bei uns leider nur in Pulverform oder getrocknet erhältlich. Sie können sie Ihrem Geschmack entsprechend in jedem Smoothie verwenden und erhalten eine Extra-Portion Gesundheit. Sie sind aber kein Muss.

# Rezeptregister

**Bezugsquellen:**
Falls Sie insbesondere die Superfoods nicht im Laden erhalten,
können Sie sie auch über den Onlinehandel beziehen.
www.smoothie-mixer.de
www.lifefood.de
www.superfoodforyou.de
www.reformhaus-shop.de
www.tausendkraut.com

Der Verlag weist ausdrücklich darauf hin, dass die im Buch enthaltenen externen Links vom
Verlag nur bis zum Zeitpunkt der Buchveröffentlichung eingesehen werden konnten.
Auf spätere Veränderungen hat der Verlag keinerlei Einfluss. Eine Haftung
des Verlags für externe Links ist stets ausgeschlossen.

Für die zauberhafte Idee zu diesem Buch und die vielen guten Tipps
möchte ich mich bei meiner Lektorin Birte Dittmann herzlich bedanken.

ISBN: 978-3-8094-3777-2
1. Auflage
© 2017 by Bassermann Verlag, einem Unternehmen der Verlagsgruppe Random House GmbH,
Neumarkter Str. 28, 81673 München
**Umschlaggestaltung und Layout:** Atelier Versen, Bad Aibling
**Bildnachweis:**
Covermotiv: depositphotos/5 seconds; istockphoto/mxtama
Innenteilbilder:
Bassermann/Karl Newedel: 8, 14, 29, 32, 42, 46, 48, 50, 57, 61, 63, 67;
depositphotos: 59 (5 seconds);
Fotolia: 6 (saharosa);
Udo Einenkel ( www.udoeinekel.de)/Foodstyling: Thomas von Wittich:
S. 4, 10, 13, 20, 31, 34, 37, 41, 45, 55, 75;
Südwest Verlag/Maike Jessen: 19, 23, 27
Illustrationen: Veronika Moga/ vm-grafik, München

**Bildredaktion**: Anka Hartenstein
**Redaktion**: Birte Dittmann
**Herstellung**: Elke Cramer
Die Ratschläge in diesem Buch sind von der Autorin und dem Verlag sorgfältig erwogen
und geprüft, dennoch kann eine Garantie nicht übernommen werden. Eine Haftung
der Autorin bzw. des Verlags und seiner Beauftragten für Personen-,
Sach- und Vermögensschäden ist ausgeschlossen.
**Satz:** Melanie Kitt, Satzwerk Huber, Germering
**Reproduktion:** Regg Media GmbH, München
**Druck und Bindung:** DZS Grafik, Ljubljana
Printed in Slovenia

Verlagsgruppe Random House FSC® N001967